AF247324

ORAISON FUNEBRE

DE

M. L'ABBÉ GEORGE

Vicaire général honoraire de Nancy, Supérieur des
Communautés du St-Cœur de Marie et de la Ste-Enfance, ancien Supérieur
du grand Séminaire, ancien Curé-Archiprêtre de la Cathédrale de Toul

Prononcée

A la Cathédrale de Toul, le 13 février 1868,

Par M. l'abbé Gombervaux

CHANOINE HONORAIRE, SUPÉRIEUR DU PETIT SÉMINAIRE DE PONT-A-MOUSSON.

Se vend au profit de la Cathédrale de Toul.

TOUL.

IMPRIMERIE DE A. BASTIEN, RUE DU SALVATEUR, 12.

1868.

ORAISON FUNEBRE

DE

M. L'ABBÉ GEORGE

Vicaire général honoraire de Nancy, Supérieur des
Communautés du St-Cœur de Marie et de la Ste-Enfance, ancien Supérieur
du grand Séminaire, ancien Curé-Archiprêtre de la Cathédrale de Toul

Prononcée

A la Cathédrale de Toul, le 13 février 1868,

Par M. l'abbé GOUBERVAUX

CHANOINE HONORAIRE, SUPÉRIEUR DU PETIT SÉMINAIRE DE PONT-A-MOUSSON.

Se vend au profit de la Cathédrale de Toul.

TOUL.

IMPRIMERIE DE A. BASTIEN, RUE DU SALVATEUR, 12.

1868.

ORAISON FUNÈBRE

DE

M. L'ABBÉ GEORGE.

*Operatus est bonum, et rectum et verum in universâ cul-
turâ ministerii.*

Dans tous les travaux de son ministère, il fit le bien ; il se
montra fidèle à la justice et à la vérité. (*II. Paralipomènes,
XXXI, 20.*)

MONSEIGNEUR,[*]

MES FRÈRES,

Vous avez reconnu, dans ces quelques paroles de
l'Écriture, le portrait fidèle du bon Prêtre qui, pendant
vingt années, exerça dans cette paroisse les fonctions du
ministère sacré. Après l'avoir perdu de vue quelque
temps, sans toutefois que vous ayez pu l'oublier, M. F.,
(car comment oublier un bienfaiteur, un père ?) le sou-

[*] Monseigneur Foulon, évêque de Nancy et de Toul.

venir précieux du bien qu'il avait opéré parmi vous, des beaux exemples de vertu qu'il vous avait donnés, s'est éveillé plus fort, plus puissant dans votre cœur à la nouvelle inattendue de sa mort ; et c'est pourquoi vous êtes venus en ce jour, nombreux et recueillis, payer à sa mémoire un légitime hommage, dans ce temple où tant et de si grandes choses redisent son nom, aux pieds de cet autel où tant de fois il offrit pour vous au Seigneur la victime de réconciliation.

Appelé à vous adresser la parole en cette triste circon-stance, je n'ai point décliné l'honneur qui m'était proposé ; j'ai même pensé qu'à moi, plus qu'à tout autre peut-être, il pouvait revenir, car j'aime à croire que toujours, malgré une douloureuse séparation, vous me regardez comme l'un des vôtres ; et, de plus, j'étais pressé par le sentiment de la reconnaissance : votre digne Pasteur s'était montré si bon, si affectueux envers moi ! c'est bien au fils, il me semble, de glorifier la mémoire du père. Votre père, il le fut aussi, car votre enfantement à J.-C. et par suite votre éternel salut, c'était là le continuel objet de sa sol-licitude et de ses travaux ; c'était sa vie, pour ainsi parler ; à vous, comme S. Paul à ses fidèles, il pouvait dire à juste titre : *filioli mei, quos iterùm parturio, donec formetur Christus in vobis ;* [*] mes fils bien aimés pour qui j'é-prouve chaque jour le travail de l'enfantement, jusqu'à ce que J.-C. soit achevé en vous. Je viens donc, M. F., m'entretenir de lui avec vous, vous redire en quelques mots sa vie, ses vertus, ses œuvres. Nous trouverons là

---

[*] Épître aux Galates, IV, 19.

ample matière à édification ; nous pourrons aussi nous consoler mutuellement, car c'est un charme pour la douleur de parler et d'entendre parler de ceux pour qui l'on a eu estime, respect, affection, et ce sont bien là nos sentiments à tous à l'égard de M. l'abbé JEAN-ALEXIS GEORGE, Vicaire-général honoraire, Supérieur des Communautés du Saint-Cœur de Marie et de la Sainte-Enfance, ancien supérieur du grand séminaire de Nancy, ancien Curé-archiprêtre de la Cathédrale de Toul.

Né en 1794, à Houdelmont, près Vézelise, M. George appartenait à une de ces familles patriarcales où les traditions de la foi et de la piété chrétienne se transmettent comme un héritage d'honneur. Dès ses premières années, et surtout à l'école de latinité annexée au grand séminaire de Nancy, on vit se dessiner dans l'ensemble de sa conduite les grandes lignes qui devaient plus tard, en s'accentuant davantage, former les traits distinctifs de sa physionomie morale, je veux dire la droiture, la franchise, l'amour du travail et de l'ordre, et cette fermeté de caractère qui, un jour, devait faire de lui un homme à part. Il aimait dans la suite à rappeler ces belles années de son enfance et de sa jeunesse, passées sous la direction du vénérable abbé Dontzey ; et sa profonde estime, son admiration pour les vertus et l'habileté de cet instituteur modèle, lui faisaient dire souvent que jamais il n'avait rencontré d'homme qui connût mieux les jeunes gens et sût, avec plus de tact, distribuer l'éloge ou le blâme, humilier ou encourager.

Entré au grand séminaire, l'abbé George, sans être précisément ce qu'on appelle un élève brillant, se fit remarquer par les plus solides qualités de l'esprit et du cœur. Une grande délicatesse de conscience, une foi vive, un jugement droit, un langage d'une précision irréprochable, et toujours cette fermeté de caractère que rien ne pouvait ébranler : voilà ce qui frappa ses maîtres, et, en particulier, le respectable M. Michel, si juste appréciateur du mérite de ses élèves ; aussi, les années du séminaire écoulées, l'abbé George était-il prêt à tout, aux labeurs du professorat comme aux pénibles et délicates fonctions du ministère pastoral. Ce fut par ces dernières qu'il débuta. Ordonné prêtre en 1816, il fut envoyé, en qualité de vicaire, à Gérardmer, au milieu des montagnes des Vosges. Là, son zèle et sa charité purent se déployer à l'aise, surtout en cette terrible année de 1817, où tant de malheureux sentirent les tourments de la faim ; le cœur si compatissant du jeune prêtre sut créer des ressources inespérées, et, grâce aux industries de son dévouement, bien des souffrances furent adoucies, bien des douleurs consolées. La chaire de théologie morale au séminaire de Nancy étant devenue vacante, M. George fut désigné pour l'occuper. Dans ce poste difficile, le nouveau professeur déploya les talents que déjà on lui connaissait. Une méthode sûre, une clarté d'exposition remarquable, un art merveilleux d'enchaîner les propositions les unes aux autres, de manière à ne former d'un traité de théologie, qu'un tout compact dont les différentes parties s'appuient et se fortifient réciproquement; des décisions nettes, précises ; dans les questions de foi;

un langage ferme et vigoureusement accentué ; dans les
questions douteuses, cette prudence et cette circonspection qui dénotent la sûreté du coup d'œil et la rectitude
du jugement ; ajoutons enfin un travail que nous appelle-
rons volontiers acharné et qui se poursuivait sans relâche
malgré de violentes douleurs de tête, et on comprendra
facilement que les élèves aient fait le plus grand cas des
enseignements du maître, et qu'ils se soient plu à lui
rendre le glorieux témoignage que nous avons entendu
répéter tant de fois, à savoir que de tous les traités étu-
diés sur les bancs, ceux qu'on possédait le mieux étaient
les traités expliqués par M. l'abbé George.

Cette lucidité dans l'exposition des vérités théologiques,
qui était la qualité distinctive du professeur, on la vit
briller avec non moins d'éclat dans les leçons du caté-
chiste mettant les enseignements sublimes de la foi à la
portée des intelligences les plus humbles. C'est surtout
pendant les onze années qu'il exerça, à deux reprises
différentes, le saint ministère à Xirocourt, — après une
résidence de quelques mois à Badonviller, suffisante pour
la répression de dangereux abus et la réparation d'éclatants
scandales — que M. George sut faire apprécier ce talent qu'il
possédait à un suprême degré. Les enfants étaient intéressés
au plus haut point par des images vives, saisissantes,
par les comparaisons les plus ingénieuses, par des inter-
rogations pressantes, multipliées, qui les amenaient insen-
siblement à prononcer eux-mêmes la solution de la question ; et non seulement les enfants, mais que de fois, le
dimanche, la paroisse presque entière se faisait une fête

de venir prendre part à ces intéressantes leçons. On s'y plaisait si bien qu'au bout de quelque temps le bon curé pouvait interroger indistinctement à peu près tous ses auditeurs. Mais aussi quelle sérieuse préparation ! Un jour, (c'était un lundi), un de ses confrères vient le visiter ; il le trouve absorbé dans une profonde méditation, son caté chisme ouvert devant lui, et comme il lui en exprime son étonnement : « c'est dès le lundi, lui répond M. George, que je prépare mon catéchisme pour le dimanche. » Par ce moyen, entre autres, le zélé curé put opérer un bien immense ; son passage dans la paroisse de Xirocourt laissa une trace profonde, et aujourd'hui encore, après plus de trente années, son nom n'y est prononcé qu'avec vénération. Plus tard aussi, devenu supérieur du grand séminaire, M. George pouvait, fort de son expérience, insister, dans ses lectures spirituelles, sur la nécessité première et les immenses avantages du catéchisme, tout en faisant part à ses nouveaux élèves de la méthode qui lui avait si heureusement réussi. « On parle souvent des prédicateurs, disait-il, des bons prédicateurs ; on a raison, ils font beaucoup de bien. On parle rarement des catéchistes, des bons catéchistes ; on a tort, ils peuvent faire encore plus de bien, ou tout au moins le préparer. »

C'est en 1837 que M. l'abbé George dut quitter sa paroisse de Xirocourt, pour venir prendre la direction du séminaire de Nancy.

Dans cette charge si importante, et si difficile à cause de son importance même, le nouveau supérieur se montra

digne de la haute confiance dont l'honorait l'autorité dio-
césaine. Pendant huit années, il forma les jeunes clercs à
la science et aux vertus du sacerdoce ; avec quel zèle,
avec quelle conscience, avec quelle fermeté ! chacun le
sait. M. George était pour ainsi dire la régularité per-
sonnifiée. Une chose lui semblait devoir tout dominer
dans un séminaire : l'observation de la règle ; non pas
cette observation, fruit de la crainte, qui dégrade l'homme
en faisant de lui un esclave ; mais une observation chrétienne, consciencieuse, apprenant à l'homme à faire le
sacrifice de sa volonté propre, assouplissant son âme à
toutes les exigences du devoir pour lui préparer de beaux
triomphes dans la vie ; *vir obediens loquetur victoriam,*[*]
l'homme obéissant proclamera sa victoire ; c'est une parole de l'Écriture qu'il aimait à commenter. Son exemple
venait éloquemment à l'appui de ses leçons ; et ici, M. F.,
j'aimerais à rappeler mes propres souvenirs, et vous dire
ce que j'ai vu, à vous parler de cette exactitude devenue
proverbiale, de cette vigueur dans l'administration, de cette
loyauté dans les actes, de cette franchise dans les paroles,
de cette impulsion donnée à la piété et aux études, que
tous ceux qui en furent les heureux témoins et en res-
sentirent les bienfaits admirèrent dans le digne supérieur ;
mais j'ai hâte d'arriver à vous, M. F., d'aborder enfin cette
époque où vous-mêmes vous connûtes, vous vîtes à
l'œuvre le Pasteur, le père dont aujourd'hui vous re-
grettez si vivement la perte.

C'est en 1845 que M. George succédant à M. l'abbé

[*] Proverbes, XXI, 28.

Delalle qui, lui aussi, a laissé parmi vous de si précieux souvenirs, fut nommé curé de la Cathédrale de Toul. Dès les premiers jours, on vit paraître en lui ce zèle pour le bien qui jamais ne se démentit et que je puis avec bonheur vous signaler comme la vertu dominante de sa vie pastorale ; le zèle, c'est-à-dire cette ardeur généreuse dont l'âme d'un Prêtre est embrasée pour la destruction de l'erreur et du mal, et l'édification de la vérité et de la vertu ; le zèle, ce désir immense, insatiable de ramener à la foi chrétienne, aux pratiques de la religion, à l'amour et au service de Dieu ces pauvres âmes que la fascination des fausses doctrines, ou les séductions de l'orgueil, ou l'entrainement des sens, quelquefois un concours fatal de circonstances malheureuses ont arrachées à Dieu, au joug aimable de sa loi, pour les captiver sous le joug du péché ; le zèle qui, dans le cœur d'un Prêtre, ne voit qu'une chose, ne veut qu'une chose, la gloire de Dieu, et, pour la procurer, brave les fatigues, se consume dans les veilles, affronte les contradictions, s'épuise en mille travaux, s'efforce enfin par mille moyens de sanctifier et de sauver les âmes,... les âmes faites à l'image du Créateur et rachetées au prix du sang de J.-C., mais que le péché a défigurées, que le monde et les passions ont fait mourir à la grâce, et qu'il faut ramener à la vie, à qui il faut rendre leur pureté, leur splendeur premières, et faire ensuite monter de vertu en vertu pour qu'elles soient dignes un jour d'entrer triomphantes dans les éternelles joies du ciel. Ah ! le Prêtre qui a conscience de la sublimité de sa mission, il a faim et soif de la conquête des âmes ; il n'a, lui, qu'une ambition en ce monde, mais elle le dévore, l'ambition de sauver les âmes : *Domine, da mihi animas,* mon Dieu, donnez-moi ces âmes vers qui vous m'avez envoyé, *da mihi animas* ; que je leur apprenne, Seigneur, et que je les aide à vous servir et à vous glorifier ! — Et c'est parce qu'il avait des sentiments élevés, c'est parce que le zèle le consumait que, pendant vingt années, vous avez vu votre bon curé ne travailler qu'à une chose : le bien, la sanctification, le salut de vos âmes. C'était là la pensée qui l'absorbait ; c'était sa préoccupation de tous les instants, à la fois le charme et le tourment de sa vie. Aussi quelle activité infatigable ! Dès qu'il était question d'un devoir, dès qu'un service était réclamé, dès qu'il s'agissait du soulagement d'une infortune, ou de la conversion d'un pécheur, ou des consolations à apporter à un malade, rien, absolument rien ne pouvait arrêter son dévouement. Des prédicateurs étaient appelés pour seconder ses efforts ; des retraites étaient données ; une nouvelle école était créée pour l'éducation de l'enfance et de la jeunesse, et une partie de sa fortune y passait ; — elle allait bien ailleurs encore, et Dieu seul peut connaître la multitude et l'étendue de ses aumônes ; — des secours étaient prodigués à toutes les misères de l'âme et du corps que pouvait atteindre sa charité ; vous l'avez vu, ce digne Prêtre, malgré de nombreuses infirmités, malgré, surtout dans les dernières années, l'état déplorable d'une santé ruinée au service des âmes, vous l'avez vu, toujours fidèle aux devoirs de son ministère, assidu au confessionnal où sa direction était si fort appréciée, empressé au chevet des mourants, où ses consolations étaient si bien goûtées, multipliant sa présence au sein de sa paroisse, allant sans cesse d'une bonne œuvre à une autre ; et quand on s'é-

tonnait de son activité et qu'on en voulait arrêter les élans
en lui alléguant les infirmités et les fatigues de l'âge,
« que voulez-vous, répondait-il en souriant, le temps
passé en est cause ; mais tant que j'aurai des forces je
marcherai. »

Et c'est, M. F., parce qu'il était avide du salut de vos
âmes qu'on l'a vu déployer un zèle au-dessus de tout
éloge pour la restauration de votre magnifique Cathédrale ;
il savait que pour l'édification du temple spirituel, le temple
matériel est nécessaire. Et ici, quelles énormes difficultés se
dressaient devant lui ! Une partie de cet admirable transept
menaçait ruine ; il ne s'agissait de rien moins que de dé-
molir pierre par pierre, pour ensuite reconstruire sur des
fondations nouvelles. L'entreprise était colossale, semblait
impossible, était faite pour désespérer le courage le plus
audacieux. Votre zélé curé ne recula point cependant : au
prix de travaux inouis, d'incessantes démarches, de fatigues incalculables ; sollicitant l'un, pressant l'autre,
frappant à toutes les portes, faisant agir toutes les in-
fluences, rédigeant mémoires sur mémoires .... que sais-
je ? il finit par triompher. Le gouvernement accorda les
sommes nécessaires ; le conseil du département et le conseil municipal, avec une intelligence et une générosité
qui les honoreront à jamais, votèrent les allocations de-
mandées, et quatre ans s'étaient à peine écoulés que la
nouvelle œuvre s'élevait, le disputant en puissance et
en beauté à la construction première. Plus tard, de splen-
dides verrières occupèrent les immenses fenêtres de cette
partie de l'église ; c'était encore le fruit des efforts du zélé

pasteur, secondé cette fois par le talent d'un artiste non
moins habile que désintéressé, et par la pieuse charité de
ses bien aimés paroissiens. C'est là votre œuvre, M. F. ;
elle restera pour dire à ceux qui viendront après vous,
que vous avez, comme M. l'abbé George, compris, aimé
la beauté de la maison du Seigneur ; pour attester que
les ouailles ont su se montrer dignes du pasteur. Cette
magnifique restauration restera, elle aussi, comme un
éternel monument de la haute intelligence et du zèle per-
sévérant de votre excellent curé ; c'est là peut-être la plus
belle page de son histoire ; c'est là le glorieux théâtre où
se déploya surtout son étonnante activité. Parmi vos
anciens évêques enterrés sous les dalles de cette basilique,
il en est peu, très peu qui se soient dépensés autant que
ce digne Prêtre, consumés comme lui de peines et de
fatigues, pour votre belle Cathédrale.

Il ne s'en tint pas à ce premier succès cependant.
Votre Cathédrale, il l'aimait comme une mère aime
son enfant ; même attrait, même sollicitude, j'ai presque
dit même passion ! Poursuivant donc avec une indomp-
table énergie la restauration complète du superbe monument, l'honneur de la cité, il entreprit de faire con-
solider ou rétablir à neuf tout le pourtour extérieur du
chœur. L'œuvre est aujourd'hui, de ce côté, à peu près
terminée, grâce à son initiative, grâce aussi à l'activité
non moins louable de son digne successeur qui, du reste,
a trouvé chez les administrateurs et les fidèles même intelligence et même dévouement.

Si maintenant vous me demandez, M. F., comment

M. l'abbé George pouvait suffire à tant de travaux et poursuivre ses plans avec une si constante persévérance, je vous répondrai qu'il y avait en lui, pour soutenir le zèle, une prodigieuse fermeté de caractère. M. George était l'homme droit, l'homme loyal par excellence ; à cette qualité venait se joindre une remarquable sûreté de jugement ; quand donc un principe était posé, ou un projet arrêté, il marchait, tirant les conséquences avec une inflexible logique, et luttant contre les obstacles sans que rien au monde pût l'ébranler dans ses résolutions. Ah ! il est beau, il est consolant de rencontrer de ces âmes viriles qui, lorsque la voix de la vérité et de la justice parle, et que les intérêts de Dieu sont en cause, n'obéissent qu'à la conscience, et poursuivent, intrépides, le but que le devoir a marqué. Dans un siècle où l'on se plaint de la mollesse des caractères, de leur abaissement, de la versatilité des opinions, où l'on voit tant d'hommes jouer avec les principes et ne s'incliner que devant l'autorité du succès, il est beau, je le répète, de se tenir ferme, inébranlable, sur le terrain de la vérité et de la justice. Et même c'était là, dans l'antiquité, le type de la grandeur morale : *justum et tenacem propositi virum !* Et tel fut votre pasteur. *Justum et tenacem propositi,* . . c'est bien cela. On eût pensé qu'à lui, comme autrefois au conducteur du peuple d'Israël, il avait été dit : *esto robustus vir,* * tu seras un homme fort !

Est-ce à dire cependant qu'on trouvait chez lui, en de

* Josué, 1, 6.

moindres proportions, cette vertu précieuse dont Bossuet
a dit avec tant de raison qu'elle a été mise par Dieu au
fond du cœur de l'homme comme le propre caractère de
la nature divine, je veux dire la bonté ? Ah ! gardons-
nous de le croire. L'extérieur quelquefois, je l'avoue,
paraissait un peu rude ; mais quand on avait percé l'é-
corce, selon une expression familière à ce digne prêtre,
quand on avait pénétré dans cette âme dont l'enveloppe
semblait un peu tenir à distance, on découvrait tout-à-
coup un fond de bonté immense, de vrais trésors de charité, parfois une délicatesse infinie. Aussi l'estime et
l'affection pour lui croissaient-elles à mesure qu'on le connaissait. Ce qui venait y mettre le comble c'est qu'on ne
pouvait s'empêcher de remarquer en lui une prudence
à toute épreuve, qui ne lui permettait jamais d'agir qu'avec
une extrême circonspection. Malgré les ardeurs de son
zèle, il savait attendre ; « la vérité, répétait-il souvent
avec S. Augustin, est fille du temps, « *veritas filia
temporis.* » Ayons patience, ajoutait-il, le fruit murira
« *fructum afferunt in patientiâ.* » * Sa maxime était
qu'il faut aller lentement pour arriver sûrement. En
vertu de ces sentiments et de ces principes, même en
revendiquant avec fermeté ce qui était dû, il savait
toujours ménager les personnes, observer les égards,
conserver les rapports de la plus parfaite cordialité. « La
prudence est la forme des vertus » disait-il souvent
encore, en citant le mot de S. Thomas, et il savait agir
en conséquence. Il l'a bien prouvé en mainte circonstance

* S. Luc, VIII, 15.

délicate où les droits de la justice étaient réclamés, sans
que jamais la charité en souffrît ; *justitia et pax osculatæ
sunt.* [*] Le bon curé avait sa manière de traduire ses sentiments à cet endroit, et c'est avec plaisir que nous re-
disons ici sa formule sacramentelle : « ami avant ; ami
pendant ; ami après.»

Avec les années cependant s'accroissaient les souffrances. A la fin les forces trahirent le courage ; il fallut,
le fardeau devenant trop lourd, songer à la retraite, et
quitter, bien à regret, cette chère paroisse de la Cathédrale, objet de tant d'amour, théâtre de tant de dévouement. Monseigneur Lavigerie déjà avait rendu un éclatant
témoignage au zèle de M. l'abbé George, en décrétant
qu'une pierre monumentale, placée dans le cloître, et que
lui-même était venu bénir, rappellerait les importants
travaux exécutés dans cette partie de l'édifice ; le Prélat
accepta la démission de votre digne pasteur ; mais en
même temps il lui donnait une nouvelle preuve de sa
haute estime en le nommant son vicaire général honoraire.
Quelque temps après, cette dignité lui fut confirmée par
vous, Monseigneur, qui êtes venu en ce jour vous associer
à notre douleur, et dont la présence nous touche vivement, parce qu'elle est un solennel et public hommage
rendu à la vertu, au mérite, à de longs et éclatants ser-
vices... Quant à vous, M. F., vainement vous essayâtes
par tous moyens de retenir votre vieux pasteur ; il crut
devoir s'arracher à votre affection, et ce fut à Nancy qu'il
alla fixer sa demeure. Là, son repos fut encore laborieux ;

[*] Psaumes, LXXXIV, 11.

cette âme passionnée pour le bien ne pouvait souffrir
l'inaction. Placé à la tête des deux congrégations reli-
gieuses du Saint-Cœur de Marie et de la Sainte-Enfance,
l'ancien Supérieur du séminaire semblait parfois retrouver
sa vieille activité ; et si le travail extérieur ne répondait
pas toujours aux ardeurs de son zèle, du moins l'esprit
était-il presque sans cesse occupé de projets d'améliora-
tion, de plans de réforme. J'eus la consolation d'ap-
procher de lui dans la soirée même du jour qui précéda
sa mort. Je le trouvai son bréviaire ouvert devant lui.
Il me dit en quelques mots prononcés péniblement, des
choses intimes, qui m'émurent profondément parce
qu'elles me prouvaient que, dans son cœur, le souvenir
de ses paroissiens et de ses amis était impérissable. Son
esprit avait toujours la même lucidité ; la sérénité de son
âme ne se démentit pas un instant ; c'était bien le calme
du Juste ; du Juste dont il a été dit que

« Rien ne trouble sa fin : c'est le soir d'un beau jour ! »

Deux heures après, quand les paroles ne tombaient plus
qu'inintelligibles de ses lèvres, quand il pouvait à peine
se mouvoir et que chaque mouvement était une souffrance,
il écrivait encore un réglement destiné à l'une de ses
communautés. Soldat intrépide de J.-C. et de l'Église, il
est mort, pour ainsi dire, les armes à la main.

Et maintenant, M. F., que cette belle existence n'est
plus, maintenant que votre vénéré Pasteur jouit (nous
en avons la douce confiance) de la présence du Prêtre
éternel, J.-C., et qu'il continue, dans le ciel, à prier pour

vous qu'il avait tant aimés sur la terre, il nous reste à bénir et à remercier Dieu de nous avoir donné en sa personne le modèle de la vertu sacerdotale. Pour nous édifier et nous encourager, nous aimerons à nous rappeler avec la vivacité de sa foi, les ardeurs de son zèle, l'énergie de son caractère, la droiture de sa conscience, son amour de la justice et de l'ordre, sa rare prudence et cette élévation du cœur qui a fait de lui, pendant toute sa vie, l'homme esclave de son devoir. Vous, ses chers paroissiens, à qui tant de fois il donna de si paternels avis, qu'il encouragea si puissamment dans le bien ; vous, l'objet constant de ses pensées et de ses affections, dont il voulait le salut à tout prix, ah ! vous répondrez à son ardente charité en travaillant généreusement à la sanctification de vos âmes, en faisant fructifier, pour la gloire de Dieu, la parole si convaincue, les exemples si édifiants de votre bon Pasteur. Ainsi vous montrerez-vous les dignes enfants du père qui vous a quittés ; ainsi mériterez-vous d'aller le rejoindre plus tard dans le ciel, ayant été comptés comme lui, au nombre de ceux dont chacun des pas aura été marqué par une bonne œuvre, et dont les jours auront été remplis devant le Seigneur.

Toul. — Imp. de A. Bastien.